了不起的中国地理

这里是中国

有鱼童书 著/绘

化学工业出版社
· 北 京 ·

《了不起的中国地理》主创人员

策 划：王 颖

文 字：盛宝军 达 雅 艺 阳 陈 曦 卢一萍 杨不易
　　　 席晓丽 侯彩琳 张 涛 任彦粉

插 画：猫 粒 王建华 王梦云 郭之霖 李明洋 何儒慧
　　　 刘绮晗

图 片：图虫网 青芒时代

图书在版编目(CIP)数据

了不起的中国地理. 这里是中国／有鱼童书著、绘. 一北京：化学
工业出版社，2021.5（2023.7重印）
ISBN 978-7-122-38651-9

Ⅰ.①了… Ⅱ.①有… Ⅲ.①地理-中国-青少年读物 Ⅳ.①K92-49

中国版本图书馆CIP数据核字（2021）第039053号

责任编辑：张 曼 龚风光
责任校对：李 爽
书籍设计：尹琳琳

出版发行：化学工业出版社
　　　　　（北京市东城区青年湖南街13号 邮政编码100011）
印　装：北京瑞禾彩色印刷有限公司
787mm×1092mm 1/16 印张3 字数100千字
2023年7月北京第1版第6次印刷

购书咨询：010-64518888
售后服务：010-64518899
网　址：http://www.cip.com.cn
凡购买本书，如有缺损质量问题，本社销售中心负责调换。

定　价：30.00元　　　版权所有 违者必究

小朋友们都有自己的家，有的大一些，有的小一点。当我们推开家门走出去，近处是看得见的城市或乡村，远处是数不清的山川河流、森林草原……世界很大很大——那是我们人类和动植物朋友共同的家园，这个大家园的名字叫"地球"。

地球上有很多国家、很多民族。自人类出现以来，无数人在这个星球上繁衍生息，创造了伟大的文明。我们所在的中国，屹立在世界东方。她既有雄伟的高原、起伏的山岭、低缓的丘陵，也有群山环抱的盆地和广阔的平原。中国大地，地域辽阔，气候、地貌、自然资源多样，这里风光无限，令人眷恋，有着无法用语言表达的美丽和惊奇。

这就是我们的家。

小朋友们，你们了解自己的这个大家园吗？当我们走出家门，能看到中华大地有哪些美丽的风景呢？远方的高山、河流、森林、湖泊又藏着什么秘密？哪条河流最长？泥土有多少种颜色？南方和北方的分界线在哪里？这个古老的国家曾发生多少有趣的故事？我们的野生动物朋友都有什么本领？……

如果你也对这片土地充满好奇，那就让我们一起打开这本书，去寻找答案，认识我们美丽的大家园吧！

陈安泽

2021.01.18

于北京

（中国旅游地学创始人、中国地质学会科普委员会前主任）

目录

你好呀，中国

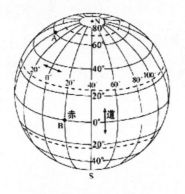

中国的纬度位置

中国大部分地区位于中纬度地区，属于北温带，南部少数地区位于北回归线以南的热带，没有寒带。只有在高山地区才有类似寒带的终年冰雪带。

中国陆地面积

约 960 万平方千米。在世界各国中，陆地面积仅小于俄罗斯和加拿大，居世界第三位。

中国的海陆位置

中国位于亚欧大陆的东部，东面是世界上面积最大的大洋——太平洋，有众多的岛屿和港湾，是一个海陆兼备的国家。

中国四至点

中国领土最东端在黑龙江与乌苏里江主航道中心线汇合处（东经 135° 05′）。

中国领土最西端在新疆帕米尔高原上（东经 73° 40′）。

中国领土最北端在黑龙江省漠河以北的黑龙江主航道中心线上（北纬 53° 30′）。

中国领土最南端在南海的南沙群岛南端的曾母暗沙（北纬 4°）。

中国陆地旁边的海

从北到南依次是渤海、黄海、东海、南海。

中国的大陆海岸线长

约 18000 千米，与中国隔海相望的国家有 6 个，分别是韩国、日本、菲律宾、马来西亚、文莱、印度尼西亚。

首都

北京。

行政区划

4 个直辖市，23 个省，5 个自治区，2 个特别行政区。

你家住在第几级阶梯上？

从外太空看，地球是一颗可爱的蓝色大水球。因为，海洋占地球表面积的70.8%。地球有的地方被云层覆盖，远远看去，这颗蓝色大水球好像围上了一件暖融融的羊毛披肩。

如果我们细细看一看，这颗蓝色星球上还有一些别的颜色呢，那些都是什么呢？原来是黄褐色的陆地、白色的冰川、绿色的草原……

我们生活的中国就位于蓝色太平洋西侧，黄褐色和绿色相间的地方。远远看去，中国的地势西高东低，从青藏高原开始，自西向东像一个大台阶一样，延伸到海边。

在三级阶梯图上，我们用不同的颜色表示不同的海拔。这个大阶梯的第三级是我们国家东部的平原和丘陵地带，那里的大部分地区海拔在500米以下，绿意盎然，一片生机。

阶梯的第二级是由准噶尔盆地、四川盆地、塔里木盆地和云贵高原、黄土高原、内蒙古高原组成的。这一级阶梯上的大部分地区海拔在1000～2000米。

颜色最深的地方也就是海拔最高的那部分，形状有点儿像一头胖胖的鲸，那就是最神秘的青藏高原，青藏高原平均海拔在4000米以上，位于第一级阶梯。因为高海拔导致这里的气候十分寒冷，所以这里大多是不适合植被生长的冻土地带，少有青草、灌木的地表在空中看来就是棕褐色的。

那么，你的家乡在第几级阶梯上呢？你喜欢这级阶梯的颜色吗？

你家住在第几级
阶梯上？

如果中国东部比西部高，会发生什么可怕的事？

中国的大地从西到东越来越低，这种地势可是有着天然的好处：从海洋来的风经过长途跋涉拼尽全力吹向内陆，但是路途遥远，加上高山的阻挡，湿润气流就很难到达我们国家的西部。这样，东边潮湿的空气就形成了降雨，农业很发达，而西部地区就非常干旱。那我们想象一下，如果中国的地势是"东高西低"的话，高山高原矗立在东部，来自太平洋的水汽直接被挡在大陆之外，中国大地干旱的面积就会非常大啦，那我们的土地可没法生产足够的粮食给这么多人吃，后果是非常可怕的。

我们居住的
蓝色水球

中国大地是什么样子的？

色彩斑斓、西高东低的中国大地看起来真复杂啊，中国地形的特点之一就是类型多样。地形是什么意思呢？地形就是地球表面各种高低起伏的形态。在陆地上，有五种基本的地形：平原、高原、山地、丘陵和盆地。它们就像积木一样，组合在一起就形成了中国的形状。

中国的高原占全国陆地面积四分之一还要多，其中青藏高原是世界上平均海拔最高的大高原，连绵的山脉冰川密布，雪豹、牦牛、藏羚羊在那里顽强地生活着；黄土高原是世界上最大的黄土堆积区，地貌千沟万壑、崎岖不平；而云贵高原气候温和湿润，青山绵延，雾气升腾，处处充满生机；在最平坦的内蒙古高原上，广阔的草原和荒凉的戈壁都一望无际，站在那里好像人的心胸都会变得宽广起来。

中国的四大盆地主要分布在中部和西部地区。塔里木盆地、准噶尔盆地和柴达木盆地十分干旱，遍布沙漠和戈壁，不但人迹

山地

高原

丘陵

盆地

平原

中国陆地上的
基本地形示意图

罕至，动物也稀少。不同的是，四川盆地气候湿润，盆地里有肥沃的耕地和众多的人口，我们的国宝大熊猫和金丝猴也生活在那里。

中国最大的三个平原是东北平原、华北平原和长江中下游平原。平坦肥沃的平原最适合种庄稼啦，我们吃的粮食和蔬菜大部分都是农民伯伯在平原上种出来的。

那崎岖不平的山地和丘陵适合种植什么呢？它们更适合发展林业，各种可爱的小动物也喜欢在里面安家。可是，这些地方交通不是很方便，要是走路的话，一天也爬不了几座山头呢。在我们国家的东南丘陵，不但盛产茶叶和树木，还遍布着美丽的层层梯田。

中国地貌

在地图上观察中国陆地的轮廓，它就像一只雄鸡，屹立在世界的东方。纵横交错的山脉就像大地上隆起的脊梁，构成了雄鸡的"骨架"，而骨架之间，则镶嵌着大大小小的高原、平原、丘陵和盆地，它们和山脉一起，组成了雄鸡丰满强健的骨肉，这样，雄鸡就更加健壮、生机勃勃啦！

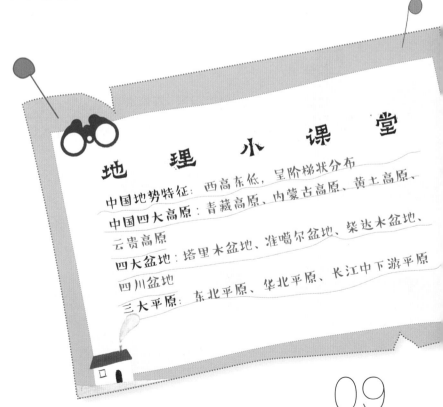

地 理 小 课 堂

中国地势特征：西高东低，呈阶梯状分布

中国四大高原：青藏高原、内蒙古高原、黄土高原、云贵高原

四大盆地：塔里木盆地、准噶尔盆地、柴达木盆地、四川盆地

三大平原：东北平原、华北平原、长江中下游平原

气候和天气是一回事吗？

晴天

我们常说，今天真热呀，明天下雨啦，后天降温了。那么，你们猜一猜，这些说的是天气还是气候呢？这些说的都是天气。那天气和气候有什么不同呢？

天气就好像一个小孩子的情绪，是不太稳定的，反映的是一个地方很短时间内阴晴、风雨、冷热的气象变化情况，人们常说"今天天气晴朗""天气预报明天上午有小雨"……而气候却像一个小孩子的身体状态，是相对稳定的，反映的是一个地方多年平均的天气状况。因为一个地方受光照、气温和降水等因素影响，其大气的状况是非常稳定的，比如青藏高原气候寒冷，海南岛四季温暖，塔里木盆地非常干旱……这些地方总是这个样子，这就是气候。

刮风

下雪

想要知道一个地方的气候，有两个法宝，一个是气温，一个是降水。这两个法宝在中国各个地方的差别可是非常大的。1月，中国北端的漠河和南部的三亚平均气温能相差大约50℃。假如一个人冬季从东北去海南岛，出发的时候穿着厚厚的羽绒服，随着一路南下并中途停留的话，厚衣服就要不断换下，到了海南，可能身上就只穿着短袖衬衫了。不过到了夏天，南北的气温差别就没这么大了。这时候最冷的地方变成了青藏高原，想去青藏高原旅行的话，无论冬夏，都要准备几件厚衣服。

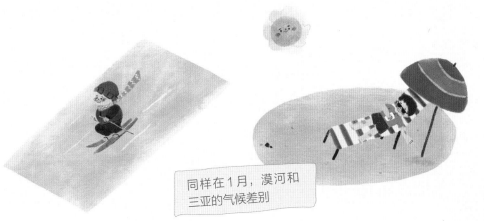

同样在1月，漠河和三亚的气候差别

在我国台湾东北部，有个叫火烧寮的地方，那里是我国降水最多的地方，年均降水量达6558毫米。如果全部存下来，能淹没两层的楼房。我国降水最少的地方在吐鲁番盆地中的托克逊县，这里的年均降水量才5.9毫米，甚至有些年份一点儿降水都没有。

你看，我国各地的气温差别很大，降水有多有少，气候当然也就复杂多样了。

下雨

11

全球气候变暖是怎么回事？

一般而言，气候是相对稳定的，但科学家们发现，人类的活动正在改变地球气候，全球气候正在变暖，这是为什么呢？原来，这跟地球大气层的变化有关。大气层就像是地球的一条棉被，它严严实实地包裹着地球。太阳短波辐射透过大气层照暖了地面，而地面变暖后放出的长波辐射却被大气中的二氧化碳等物质吸收，大气层也变暖了，地球成了一个大暖房。这也就是我们常说的"温室效应"。正是由于温室效应的积累，能量不断在累积，从而导致温度不断上升，造成全球气候变得越来越暖。

人类的活动，比如汽车燃烧汽油产生大量尾气、砍伐森林等，增加了大气层中二氧化碳的含量，使得地球海平面的温度在逐渐提高。更可怕的是，气候的变化比人们想象的要剧烈，它使得南北极的冰在一点点融化，甚至我们国家青藏高原上的冰川也在逐年减少，这导致海平面升高，还可能引起飓风、暴雨、干旱等自然灾难。自2008年以来，全球每年平均就有2000万以上的人口因为气候变化导致的相关灾害而不得不离开自己的家园，流落他乡甚至无处安身，联合国难民署称他们为"环境难民"。试想一下，当来势汹汹的洪

北极熊的家怎么了呢？

全球气候变暖下逐年
融化的西藏卡若拉冰川

水冲破房屋，当可怕的风暴卷走房顶，当干旱的土地无法种植粮食，这些灾害都会破坏我们赖以生存的家园，这背后的元凶就是气候变化。

好在全球的人们都在努力改变这种糟糕的情况，通过保护生态环境、保护生物多样性、减少二氧化碳排放、垃圾分类等办法，减小气候变化的不利影响，保护人类共同的家园。那么，我们能做什么呢？其实，只要我们从小事做起，节约每一滴水、每一度电，做好垃圾分类，当好环保小卫士，坚持绿色生活方式，把这些小事做好了，就是在为地球家园做贡献。

什么是季风气候？

中国的东南部地区属于季风气候。那什么是季风气候呢？简单地说，就是风向随着季节而变化，气温和降水也随之而变化。

冬天，季风从陆地吹向海洋时，天气变得寒冷干燥，降水稀少；夏天，风又从海洋吹向陆地，这时候的风是温暖湿润的，夏季风一来，降水就多了。

冬季风从陆地吹向海洋

夏天的时候，最常刮的是来自太平洋的东南风，还有来自印度洋的西南风；冬天的时候，就变成了来自蒙古和西伯利亚的寒冷的西北风，还有一些吹向印度洋的东北风。

夏季风从海洋吹向陆地

季风气候有一个共同的特点，就是雨热同期，这可是非常有利于农业生产的。你想啊，天热的时候，也是农作物生长旺盛的时候，需要大量的水分，正好，来自海洋的季风带来了大量的降水，让庄稼喝个够，能不丰收吗？正因为雨热同期，连我国最北方的黑龙江也能种水稻。当然了，季风气候也不光只有好处，季风的进退和强弱并不是非常有规律，所以容易造成水灾或旱灾。这又是季风可怕的一面啦。

季风区与非季风区的分界线

我国季风区和非季风区的分界线，由东北向西南大致为大兴安岭—阴山—贺兰山—巴颜喀拉山—冈底斯山。这条山脉线以东，气候湿润，而西边则干旱少雨、植被稀疏。

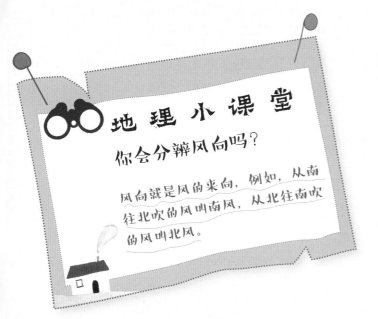

地理小课堂
你会分辨风向吗？

风向就是风的来向，例如，从南往北吹的风叫南风，从北往南吹的风叫北风。

中国的五种气候类型

我国有五种气候类型，分别为热带季风气候、亚热带季风气候、温带季风气候、温带大陆性气候和高原高山气候。

1. 热带季风气候

这种气候的特点是全年气温都比较高，最冷的1月平均气温一般也在15℃以上。虽然没有明显的冬夏季节变化，却有明显的旱季和雨季，降水量差别大。主要分布在云南南部、广东南部、海南省和台湾南部。

热带季风气候景观

亚热带季风气候景观

温带季风气候景观

高原高山气候景观

2. 亚热带季风气候

这种气候的特点是夏季高温多雨，冬季温和少雨。"温和"是什么意思呢？就是这里冬季气温虽然比较低，但是一般不低于0℃，所以这里的河流冬天一般是不结冰的。主要分布在热带季风气候区往北，青藏高原以东到秦岭—淮河一线的广大地区。

亚热带季风气候和热带季风气候所覆盖的范围，大致相当于我国的南方地区，这里的天然植被一般都是常绿阔叶林。

3. 温带季风气候

这种气候的特点是冬天寒冷干燥，夏天暖热多雨，最冷的1月平均气温一般都在0℃以下。这片地区大致相当于我国的北方地区，北京就在北方地区，这里的植被一般就是落叶阔叶林了。主要分布在秦岭—淮河以北，大兴安岭、阴山、贺兰山以东的地区。

4. 温带大陆性气候

这种气候的特点是冬冷夏热，降水比较少。因为距海远近和降水多少的不同，不同的地方自然景观差别也很大。在我国西北地区，从大兴安岭到新疆，景观是这样变化的：温带森林—森林草原—草原—半荒漠—荒漠。主要分布在我国大兴安岭、阴山、贺兰山以西，青藏高原以北的西北地区。

温带大陆性气候景观

5. 高原高山气候

　　青藏高原在中国西部地区犹如一座巨大的屏风，改变了这一地区南北两地的气候。抬高的地势将北方大陆的寒冷空气给阻挡住了，使它们不能进入南边，同时隆起的喜马拉雅山脉又阻挡了南方温暖潮湿的空气向北涌进，于是，这股温暖潮湿的空气只能在南部被消化掉，形成降水。

高山对气候
的影响

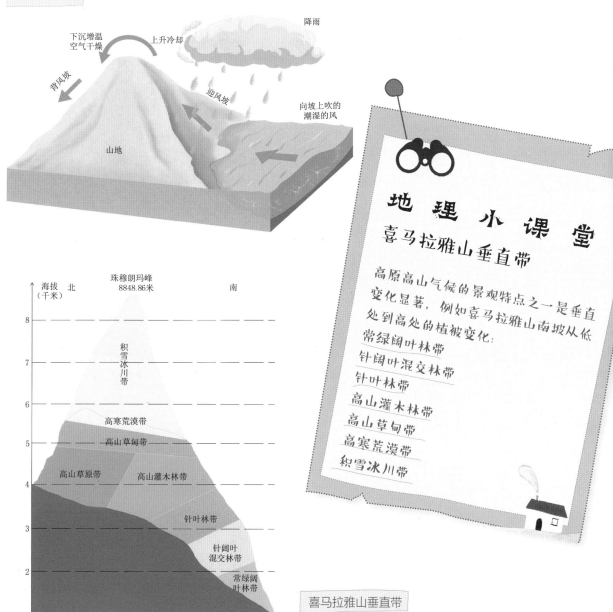

喜马拉雅山垂直带

17

泥土是什么颜色的？

北京中山公园里的社稷坛，是一座用汉白玉砌筑的三层平台。令人好奇的是，平台之上并非传统的宫殿楼阁，而是铺着一层厚厚的土。这些土共有五种颜色，东面是青土，南面是红土，西面是白土，北面是黑土，中间是黄土。这些土有什么作用呢？

原来，这是明清时期皇帝举行仪式祭祀土地神和五谷神的地方，皇帝通过这样的仪式祈求风调雨顺、五谷丰登、国泰民安。

五色土就代表着中国各个地方的土地。

　　想象一下，把地球缩得很小去看，我们的土地是不是会像一个被不小心弄翻了的调色盘，五颜六色？在毛里求斯西南部的沙玛雷勒村庄，有一片同时拥有七种颜色的土地，那是地球上土壤颜色最多的地方，就像彩虹一样缤纷绚丽。这种缤纷的色彩是当地的火山灰和矿物质产生化学作用后形成的。

土壤是经过漫长而复杂的过程才形成的。气候、环境等不同，土壤富含的有机质和矿物质不同，颜色也就不同。

大致来说，中国就有黄色、黑色、红色、紫色、棕色的土地。黄土主要分布在黄土高原，据说我们的祖先就在黄土形成的天然洞穴里居住。黑色土壤有机质含量最高，主要分布在我国东北地区。地表植被经过长期腐蚀形成腐殖质后演化，东北寒冷的气候催化让黑土的有机质含量变高，土质肥沃又松软，特别适合农耕。好吃的东北大米就喜欢在这样的环境里生长。

红土是我国分布面积最大的土壤，它分布在长江以南的广阔低山丘陵地区。这种偏酸性的土壤非常适合种茶树，福建的茶叶就很有名。云南因为广布这种红土，一直被称为"红土高原"，而在红土高原上有一片地方的红土十分惹人注目，就是云南的东川红土地。火红的土地上布满大片的梯田，层层的梯田让这种红色显得更有层次，农民伯伯种了洋麦花、荞子花、油菜花和萝卜花，它们在不同季节交替绽放，把红土地装点得像童话世界一样。雨后的东川红土地是最美的，被雨充分滋润的土地颜色格外艳丽，如果运气好，还能看到彩虹跨过红土地。

紫色土是地表的紫红色砂岩和页岩经过风化后发育而成的。四川盆地因为有这种紫色土，又被叫作"紫色盆地"。

棕壤还有一个名字叫棕色森林土，听名字就知道它和丛林有着不解之缘。它是在暖温带湿润气候区落叶阔叶林和针叶、阔叶混交林下发育出来的，主要分布在辽东半岛、山东半岛、河北、河南、山西等地区。

大地的骨架是怎么排列的？

甲骨文的"山"是一个典型的象形字，一座山的样子就像一个三角形，而很多很多三角形的山组合在一起，并向一定方向延伸，就形成了长长的山脉。

中国遍布大大小小的山脉，那它们的分布有规律吗？我们可以按照它们的走向，也就是山脉的延伸方向，来分类认识一下我国的主要山脉。

我们可以先找到天山、阴山和燕山，把它们连成一条线，像这样能连成一条线的山脉，我们称它们为"一列"山脉，就像是一列火车，只不过每节"车厢"间的距离有些遥远。而天山、阴山和燕山，就是我国最北的一列东西方向延伸的山脉，也就是东西走向的山脉。

再往南是昆仑山和秦岭，它们同样是东西走向的山脉。从秦岭往东南方向移动，你会看到南岭，它也是东西走向的山脉。

在我们国家第二和第三级阶梯分界的地方，自北向南，会找到大兴安岭、太行山、巫山和雪峰山，它们也能连成一条线，这是我国一列东北—西南走向的山脉。其中，大兴安岭是内蒙古高原和东北平原的分界线，太行山是黄土高原和华北平原的分界线，巫山分开了四川盆地和长江中下游平原，雪峰山则矗立在云贵高原和东南丘陵之间，看来这是一列非常重要的山脉。

再往东一点儿有长白山—武夷山，一个在东北，一个在东南，遥相呼应；台湾岛上有台湾山脉，它们都是东北—西南走向的山脉。

三列东西走向的山脉我们称之为"三横"，三列东北—西南走向的山脉我们可以看作"三纵"，这"三横三纵"就构成了我国的基本骨架。

21

基本骨架外的重要山脉

西北—东南走向的山脉

在祖国大地"雄鸡"的尾部，可以找到阿尔泰山脉，在"雄鸡"的头部，可以找到小兴安岭，在青藏高原的东北部边缘，还能找到祁连山脉，它们都是由西北向东南延伸的山脉。

三条南北走向的山脉

在中国地图上，有一个蓝色的巨大的"几"字，这就是黄河。在"几"形那一撇的位置，上面有贺兰山，下面有六盘山，在青藏高原的东南边缘，还有横断山脉，它们是我国为数不多的三条南北走向的山脉。

巨大的弧形山脉

青藏高原南部的喜马拉雅山脉是世界上最高大雄伟的山脉，世界最高峰珠穆朗玛峰就在喜马拉雅山上。这个有着 8848.86 米高度的山峰也是地球的最高点。

中国的分界山脉

1. **秦岭**（同淮河连成一条线）：中国亚热带和暖温带分界线，中国湿润地区与半湿润地区分界线，中国南方地区与北方地区分界线，中国南方水田农业与北方旱地农业分界线，四川盆地与黄土高原分界线。

2. **大兴安岭**：第二级阶梯与第三级阶梯分界线，内蒙古高原与东北平原分界线，内流区域与外流区域分界线，传统放牧区与传统农耕区分界线，森林景观与草原景观分界线。

大地的骨架

3. **昆仑山**：第一级阶梯与第二级阶梯分界线，青藏高原与塔里木盆地分界线，西北干旱半干旱区与青藏高寒区分界线，青藏地区与西北地区分界线,西藏自治区与新疆维吾尔自治区分界线。

4. **祁连山**：第一级阶梯与第二级阶梯分界线。

5. **阴山**：内蒙古高原与黄土高原分界线，季风区与非季风区分界线，内流区域与外流区域分界线。

6. **贺兰山**：季风区与非季风区分界线,半干旱地区与干旱地区分界线，内蒙古温带草原地区与西北温带及暖温带荒漠地区分界线。

7. **横断山**：第一级阶梯与第二级阶梯分界线，亚热带季风气候区与青藏高寒气候区分界线，青藏高原与四川盆地及云贵高原分界线。

8. **太行山**：第二级阶梯与第三级阶梯分界线，黄土高原与华北平原分界线。

9. **巫山**：第二级阶梯与第三级阶梯分界线。

10. **雪峰山**：第二级阶梯与第三级阶梯分界线。

23

中国南方和北方的分界线在哪里？

在中国地图上，有一条东西走向的山脉，人们称它为"父亲山"，也有人称它为华夏文明的龙脉。它被《中国国家地理》誉为"中国的中央公园"，联合国称之为"地球献给人类的礼物"。甚至有人说，如果少了这座山，中国就是另外一副模样，它就是秦岭。秦岭和淮河连成一条线，划分了中国的南方和北方。

西起甘、青两省边境的秦岭，一路逶迤东进，穿越陕西腹地，经过1500千米的漫长征程，来到河南省中部。从高处看秦岭，它犹如一个横放的不等边梯形。秦岭北坡峭壁千仞、层峦叠嶂、河流短小、水流湍急，像一位充满阳刚之气的男子汉。而南坡像一位温和的小姑娘，平缓漫长，数条郁郁葱葱、东西向的山岭和山间盆地组成了"盆地山岭"，从高处看，像一串巨大的糖葫芦。

秦岭和西部的高大山脉相比，算是小矮个；而与东部的山脉相比，秦岭瞬间就有了鹤立鸡群的感觉。最关键的是秦岭处于中国版图正中央，中国大地基准点，就在山下的泾阳县永乐镇。

那么为什么秦岭—淮河一线被称为中国地理的南北分界线呢？

秦岭山脉

秦岭犹如一面挡风的墙，用伟岸挺拔的身躯阻挡着北方寒冷气团南下的步伐，拦截着来自热带湿热气团"北伐"的进程。那么如果没有秦岭，会是什么样子呢？

假如没有秦岭，北方的风沙会南下，南方的冬季也变得寒冷干燥。秦岭以南的植被大面积减少，稀少的植被难以抵挡暴雨的侵袭，沙土就会顺势流进清澈的长江，长江也会变成"黄"河，下游的东部平原由于泥沙堆积会变成另一番景象。

秦岭是暖温带与亚热带的分界线，也是南北文化的分水岭。黄河与长江因为秦岭山脉的阻隔，从此走上了迥然不同的道路。

秦岭的南侧平均气温在0℃以上，因此很难见到冰雪，连绵不断的倾盆大雨是这里的常客。而秦岭的北侧，冬天冰天雪地，夏天十分炎热，四季分明，雨水也比较少。

盛夏季节，秦岭南北两侧层层叠叠的高山上，到处都是葱茏的林木，秦岭就像一张巨大的绿色地毯。北侧黄河畔的关中平原，一片片农田里全是麦子；而秦岭南侧狭窄的汉水谷地里，却是翠绿的水稻。

25

地理小课堂

中国大地原点在哪里?

大地原点也叫大地基准点,是中国的地理坐标 —— 经纬度的起算点和基准点。大地原点是科学家们经过反复地勘察、计算,人为界定的一个点。有了大地原点,人们可以推算全国的平面方位,也可以精确地知道自己的地理位置所在,GPS全球定位系统才有意义。20世纪70年代,科学家们确定中国的大地原点,就在秦岭山下的陕西泾阳县永乐镇境内。因为这里恰恰处在中国大陆的中部。

隆冬时节,秦岭北侧,到处冰天雪地,寒风呼啸而过。在冷风的追赶下,人们一个个都急于躲进屋内,温暖的热炕和滚烫的火炉,成了人们的好伙伴。在秦岭南侧的四川盆地,却是另外一番景象。树木郁郁葱葱,处处青山绿水,真可谓是"一岭隔寒暑,南北两重天"。

河流去了哪里？

如果我们把山脉比作大地的骨架，高原、平原、盆地、丘陵是大地的肌肉的话，那么河流和湖泊就是大地的血液，有了它们，大地才更加生机勃勃。那么大地上像一张大网一样遍布的河流究竟是走向哪里的呢？

整体来看，因为中国的地势是西高东低，所以大多数的河流是自西向东而流的。那么河流最后都流进了东面的太平洋了吗？答案是否定的，按照河流的归宿，它们分成两类：外流河和内流河。最终流进海洋的河流是外流河，没有流进海洋的就是内流河。中国大多数河流是外流河。

内流河之所以成为内流河，除了距海遥远，跟那里的降水少有很大关系。哪条河不想奔流入海呢？可是实力不允许呀。我国最大的内流河塔里木河流淌在塔里木盆地，它主要靠高山上的冰雪融水补给，天越热，水量越大。可是，它毕竟水量有限，补给的速度追不上蒸发的速度，流着流着就干涸了，消失在沙漠中，别说流进大海，流出塔里木盆地都是个奢望。

外流区的河流大部分都是自西向东，最后流进了太平洋，如黑龙江、黄河、淮河、长江、珠江等。当然，并不是所有外流河都流进了太平洋，发源于青藏高原的怒江和雅鲁藏布江，最初也是自西向东流的，途中却忽然掉头南下，最后流进了印度洋。

还有一条特殊的外流河，它在中国的西北，阿尔泰山下，一路向西向北，最终通过俄罗斯西伯利亚的鄂毕河流进了北冰洋，它是我国唯一流进北冰洋的河流，名叫额尔齐斯河。

东部外流区这些河流也各不相同，以秦岭—淮河为界，以南的河流一般不结冰，水量较大；以北的河流普遍结冰，水量较小，越往北，结冰期越长，河流冰层最厚能达到 1 米以上，其中黑龙江是中国结冰期最长的河流，结冰期长达半年。南方的鱼儿如果知道了，大概会有点儿心疼北方的鱼儿，一年中要有很长时间看不到美丽的天空了。

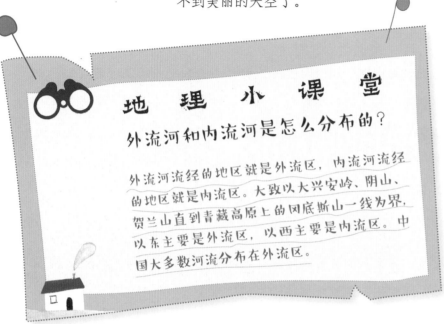

地 理 小 课 堂

外流河和内流河是怎么分布的？

外流河流经的地区就是外流区，内流河流经的地区就是内流区。大致以大兴安岭、阴山、贺兰山直到青藏高原上的冈底斯山一线为界，以东主要是外流区，以西主要是内流区。中国大多数河流分布在外流区。

中国的河流湖泊之最

中国长度最长、水量最大、流域面积最广的河流——长江

中国汛期最长的河流——珠江

中国含沙量最大的河流——黄河

中国最长的内流河——塔里木河

中国唯一一条注入北冰洋的河流——额尔齐斯河

中国最大的湖泊、最大的咸水湖——青海湖

中国最大的淡水湖——鄱阳湖

长江

黄河

塔里木河

额尔齐斯河

青海湖

鄱阳湖

珠江

谁是中国第一长河？

中国河流众多，最长的一条是长江。长江不但是中国境内最长的河流，还是亚洲境内最长的河流，是世界水能第一大河、第三长河。长江发源于唐古拉山脉主峰各拉丹冬峰，自西向东流，注入东海，全长6300多千米。可是，古时候，居住在长江两岸的人们都惧怕长江。这是为什么呢？

长江从青藏高原出发，像一条奔腾不息的巨龙在河床上自由自在地游荡。但是这条巨龙有时候会淹没两岸的房屋和田地，好像发怒了一样，给古人带去巨大的灾难。

长江流淌了亿万年之久，它还有很多支流，通往中国大地不同的地区。在北岸汇入的比较大的支流自西向东有雅砻江、岷江、嘉陵江和汉江，南岸有乌江、湘江和赣江，其中汉江是长江最长的支流。

人们还把长江分成了上中下游三段，从源头到湖北宜昌，是长江的上游，从宜昌到江西湖口是长江中游，湖口以下是下游。人们还给不同河段的长江取了不同的名字，例如长江的源头叫沱沱河，源头以下叫通天河，从青海省的玉树开始到四川的宜宾叫金沙江，宜宾以下才正式叫长江。而宜宾到宜昌这一段，又被称为川江，到了下游，扬州以下的河段，过去又被称为扬子江，现在很多外国人还把长江译为扬子江。

长江纵贯东西，是沟通沿海和内地的一条大动脉，航运特别发达，被称为"黄金水道"。

长江三峡

长江这条巨龙来到了重庆奉节的白帝城和湖北宜昌的南津关这一带，就得时不时地收紧腰身，因为这里有着重重叠叠的峡谷，就算它再猛烈撞击岩石也于事无补，这些峡谷实在太高太大了。它也只能压抑着心头怒火沿着峡谷的底部穿插过去。这些峡谷就是由雄伟壮观的瞿塘峡、幽深秀丽的巫峡、滩多险峻的西陵峡组成的"大

长江三峡

三峡"，也是人们常说的长江三峡。当然，这三个大峡谷里面还住着很多的小峡谷和众多支流。

世界上规模最大的水电站——三峡大坝

中国人在重庆和宜昌之间的长江干流上，建造了世界上规模最大的水利枢纽工程——三峡大坝。当雨水充沛，江水暴涨，一排排的闸门就像建在长江之上的一排排牙齿，把咆哮的巨龙拦截住。从此，长江水在重庆到三峡这段河道之间汇聚，满载货物的重量级轮船得以在这样的深水中自由通行。三峡大坝下游的巨型水轮发电机也时刻保持着警惕，只要三峡大坝的蓄水位达到175米，下游的水位达60米时，三峡大坝就会松开自己的牙齿，放江水到下游玩耍。浩浩荡荡的江水穿过巨大的混凝土隧道流向水轮发电机，水流产生的巨大力量带动水轮发电机发电，为人们的生活提供大量的电能。所以说，三峡大坝集防洪、发电和航运于一体，在长江之上发挥了巨大的作用。

三峡大坝

谁是世界峡谷争霸战的王者？

雅鲁藏布大峡谷

我国长江流域的三峡，是世界闻名的大峡谷。那么什么是峡谷呢？简单来说，峡谷就是谷坡陡峻、深度大于宽度的山谷。

一百多年来，世界公认的"世界第一大峡谷"桂冠一直都是戴在最深处2133米的美国科罗拉多大峡谷头上的。后来，深3200米的秘鲁科尔卡大峡谷向科罗拉多大峡谷发起了挑战，谁知得意了没多久又输给了尼泊尔的喀利根德格大峡谷，这条大峡谷竟然深4403米。

但是，中国有一条大峡谷却向世界上所有的大峡谷发起了终极挑战，那就是青藏高原上的雅鲁藏布大峡谷。

峡谷围绕南迦巴瓦雪峰形成了一个非常壮观的马蹄形大拐弯，在青藏高原东南的斜面上，形成连续多弯的大峡谷，南迦巴瓦峰和对面的加拉白垒峰形成了大峡谷最深的地段，也成为整个大峡谷的代名词"雅鲁藏布江大拐弯"。这就是世界上最长最深的大峡谷——雅鲁藏布大峡谷。

大峡谷全长504.6千米，峡谷最深6009米，比喀利根德格大峡谷还要深1000多米！平均深度2268米，江面最狭窄的地方仅有35米，但是如果从峡谷这边走到那边则最少需要三天的时间！

33

雅鲁藏布大峡谷的传说

关于雅鲁藏布大峡谷的形成，当地的门巴族民间流传着一个美丽的传说。传说冈底斯神山有三个儿子、一个女儿，老大叫雅鲁藏布江，老二叫狮泉河，老三叫象泉河，最小的妹妹叫孔雀河。有一天，冈底斯神山把他们叫到跟前说："现在你们长大了，正是你们闯荡天下、开阔眼界的时候了。"于是他们四兄妹各自奔流而去。老大雅鲁藏布江流到了今天的雅鲁藏布大峡谷一带，这位大哥哥想起了弟弟妹妹，就回过头来寻找，天上的雄鹰告诉他弟弟妹妹向着印度洋方向走了，于是这个"回头"便形成了雅鲁藏布大峡谷。

中国最长的高原河流——雅鲁藏布江

雅鲁藏布大峡谷是世界第一大峡谷，那它的母亲雅鲁藏布江是什么样子的呢？雅鲁藏布江是中国最长的高原河流，它发源于喜马拉雅山脉北麓的冰川，在我国境内全长2057千米，平均海拔在3000米以上。这条大河陪伴了很多藏族人的童年、中年和老年，江水有时候波涛滚滚，有时候平平静静，穿过城市，流经大山，路过沙漠，流淌在峡谷中。雅鲁藏布江从海拔5300米以上的喜马拉雅山脉北坡自西向东奔流，最后在海拔只有155米的巴昔卡流出国境。

雅鲁藏布江

黄河 水天生就是黄色的吗？

黄河是中华文明最主要的发源地，中国人称黄河为"母亲河"。6000 年前，黄河流域的半坡氏族是中国氏族公社的典型代表，他们创造了发达的农业文明。

黄河，因河水出奇的黄而得名。尤其是在夏季，从高处看，黄河就是一条黄色的巨龙。那黄河水天生就是黄色的吗？

其实，发源于青藏高原的黄河，其上游水非常清澈。清泉欢唱一路向东，小溪流一路汇聚了很多河流，只是到了中游流经黄土高原时，黄色沙土追随滔滔河水而来，众多流经黄土高原的支流也加入巨龙前行的队伍，黄河就变成了世界上含沙量最大的河流了，所以人们喜欢说黄河"一碗水、半碗泥"。这条长 5464 千米的奔腾咆哮、流经 9 个省市自治区的河流是世界第五长河、中国第二大河，最终流入渤海。

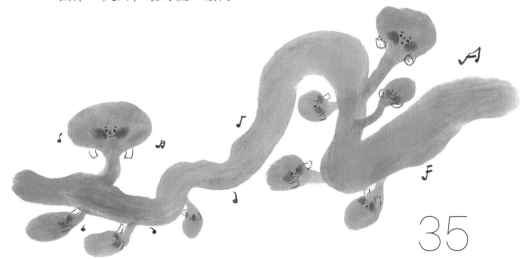

什么是悬河?

　　到了下游,水流平稳了,泥沙沉积下来,黄河却苦恼不已。千亿吨的泥沙淤积在黄河下游的河道上,造成下游河床高出两岸地面3～10米,最高处达15米,随时有黄河决口泛滥的危险。人们为此不断加高堤坝,使黄河变成了举世闻名的"地上河",也就是悬河。人们虽然意识到这个问题并修筑河堤防止河水泛滥,可是随着时间的增长,泥沙越来越多,河床越来越高,人们只好把河堤也越建越高,久而久之,形成了河床比两侧地面高很多的现象。

　　为了解决"悬河"隐患,人们在黄河中下游分界线附近兴建了"小浪底水库"。水库的作用之一就是采用人工扰沙的方式减缓下游河床的淤积抬高。

　　河南省开封市悬河大堤高达15米,悬河河面与开封市的地面高度差8～13米不等,有2～4层楼那么高。一旦黄河泛滥,河水从高处倾泻下来,就非常危险了。

世界上最大的黄色瀑布——壶口瀑布

　　从青藏高原出发的黄河,一路浩浩荡荡,奔腾而下,到山西吉县与陕西宜川一带,滔滔黄河由300米宽骤然被约束在50余米的山谷中。愤怒的波浪吼叫着,数里外都可以听到黄河的咆哮声,犹如旱天惊雷,汹涌的巨浪最终跌落深槽,形成了黄河奇景——壶口瀑布。壶口瀑布是世界上最大的"黄色"瀑布。

湖泊有味道吗？

中国的湖泊星罗棋布，不算有时有水、有时干涸的时令湖，水面面积在 1000 平方米以上的湖泊就有 2300 多个。

流入海洋的外流湖一般是淡水湖。最终没有流入海洋的内流湖，基本上是咸水湖。中国有两大湖泊分布区，一个是青藏高原湖区，中国的咸水湖主要分布在这里。另一个是东部平原湖区，从长江中下游平原到山东省南部，是我国淡水湖最集中的地区，中国五大淡水湖——鄱阳湖、洞庭湖、太湖、洪泽湖、巢湖——都分布在这一湖区。

你可能会奇怪，为什么湖水还有咸水湖呢？湖水里的盐是哪里来的呢？原来河水在流动过程中，会把所经过地区的岩石和土壤里的一些盐分溶解了带进湖泊。有些湖泊排水不方便，水只能流进来，却很少流出去，再加上气候干燥，蒸发消耗了很多水分，使盐分留在了湖中，湖水含盐量便愈来愈高，湖水愈来愈咸。

青海湖是中国最大的湖，也是中国最大的咸水湖，它在青藏高原的东北部、青海省境内。

中国最大的
咸水湖青海湖

如果湖水可以从另外的出口继续流出，盐分也跟着能流出去了，沉积不下来，这样的湖泊就是淡水湖，鄱阳湖就是中国最大的淡水湖，它在江西省北部，接纳了赣江、信江等河流的来水，又经湖口汇入长江。洞庭湖是中国第二大淡水湖，它在湖南省北部，也跟长江相通，有湘江、沅江等大河汇入，所以就没有盐分留下的咸味了。

盐水湖上可以跑汽车？

如果湖泊的蒸发量大大超过湖泊的补给量，湖水不断浓缩，含盐量就日渐增加，使水中的各种元素达到饱和或过饱和的状态，那么，就会在湖滨和湖底形成各种不同盐类的沉积矿床，也就是说干涸得只剩下了盐，汽车就可以在上面跑起来啦。

青海察尔汗盐湖上的公路

为什么要开凿京杭大运河？

中国大地上的河流除了天然的，还有许多人工的，像著名的京杭大运河就都是人工建成的。

京杭大运河是世界上开凿最早、最长的运河之一，是中国古代非常了不起的水利工程。顾名思义，京杭大运河的北边是北京，南边是杭州。大运河连接了这两个古代经济非常发达的地区。在2014年，京杭大运河被联合国教科文组织列入了《世界遗产名录》。那大运河是怎么诞生的呢？

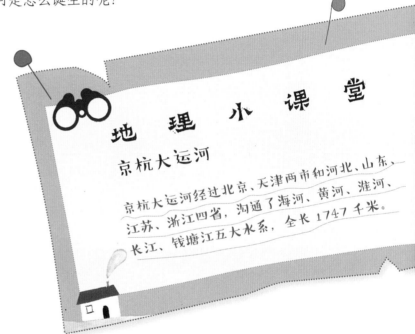

地 理 小 课 堂

京杭大运河

京杭大运河经过北京、天津两市和河北、山东、江苏、浙江四省，沟通了海河、黄河、淮河、长江、钱塘江五大水系，全长1747千米。

京杭大运河的发端

春秋战国时期，吴王夫差打败了长江南部的越王勾践，也顺便灭掉了长江北部的小国邗国。得意扬扬的夫差，就想与北方强大的齐国争夺霸权。然而，吴国精锐的是水军，"以船为车，以楫为马"。但南方的长江与北方的淮河之间并没有水道，吴国军队难以通过。于是吴王夫差就在原来邗国都城的基础上建造了扬州城，挖了连接长江和淮河的人工运河——邗沟。邗沟终于挖好了，但还没来得及使用，吴国就被"卧薪尝胆"复仇的越王勾践所灭，吴王夫差的北上称霸之梦破碎，全长100多千米的邗沟却留了下来。

人字形的隋唐古运河

隋朝时期，隋炀帝决定开凿一条贯通南北的大运河，利用原来的水道，连接长江淮河的邗沟，并借助了很多古河道，将一条条小河变成了"大运河"。隋炀帝仅仅用了六年就将隋唐古运河建成。隋唐古运河以洛阳为中心，向南到达余杭(今杭州)，向北到了涿郡(今北京)，长约2500千米。从洛阳的角度看，很像一个大大的"人"字。运河开通后，隋炀帝立即南下扬州游玩，体验了一把隋唐古运河带来的便利。

京杭大运河

一字形的元朝京杭大运河

1271 年，元朝建立，靠战马统一中国的元世祖忽必烈定都大都（今北京境内），建立大一统的国家政权。他想利用隋唐古运河加强北方和南方的联系，却发现很不方便。

隋唐古运河是以洛阳为中心修建的，只适合定都中原的政权。如果要想前往杭州，必须先向西绕到洛阳，再向东绕回去，浪费大量时间。更何况经过长时间战乱，许多河道已经荒废。

元世祖忽必烈听取水利学家的建议，以当时最先进的考察测量为基础，从 1281 年开始用了十年时间，进行大运河"裁弯取直"工程，把以洛阳为中心的"人"字形改成了从北京到杭州的"一"字形。

1293 年，京杭大运河全线通航。自此船舶由杭州直达北京，比隋唐古运河缩短了 900 多千米，成为现代京杭大运河的基本线路。

明清时期的南北大动脉

到了明朝和清朝，京杭大运河多次疏通完善，连通了海河、黄河、淮河等多条水系，形成贯通南北的大动脉。在海运和火车兴起以前,京杭大运河货运量曾经达到全国运输总量的一半以上。

京杭大运河北京段的终点通州，就是京杭大运河北上进京的门户。因转储修建北京城的御用"木料"而得名的皇木厂村，据史书记载，明朝初年，明成祖朱棣定都北京后，到处采伐珍贵木材，都是从南方经京杭大运河运到皇木厂码头后，再经陆路运进皇宫。紫禁城太和殿所用的长 14.5 米、直径 1 米多的整块木料就是这样运来的。

京杭大运河是南北方重要的运输通道，促进了南北经济、文化的交流和发展。随着海运和铁路等现代运输方式的兴起，再加上河道淤塞，大运河部分河段被弃用。不过，现在大运河被纳入了"南水北调"东线工程。

写给孩子的话

　　小朋友们，通过前面的介绍，你对我们的家园是不是有些了解了？

　　我们的大家园真是广阔又神奇。无论是起伏的山脉、奔腾的河流、静谧的湖泊、茂密的森林、广袤的草原、金色的沙漠、壮观的峡谷，还是富饶的土地，它们组合起来，就是中国大地的样子。

　　中国复杂多样的地貌和气候，孕育了多样化的生态系统，家园给了我们赖以生存的空气、水、食物和温暖。几千年来，生长在这片土地上的人们用勤劳和智慧建设着自己的家园，创造了人与自然和谐共生、多样的地域文化和伟大而灿烂的中华文明。

　　所以，小朋友们，让我们一起珍惜这片土地上的一草一木，爱护和守卫我们的美丽家园吧！

了不起的
中国地理